除了野蛮国家，整个世界都被书统治着。

ALLEGRO
MA NON TROPPO

BY Carlo M. Cipolla

Introduction By
Nassim Nicholas Taleb

人
类
愚
蠢

[意] 卡洛·奇波拉　著

[美] 纳西姆·尼古拉斯·塔勒布　作序

信美利 译

基
本
定
律

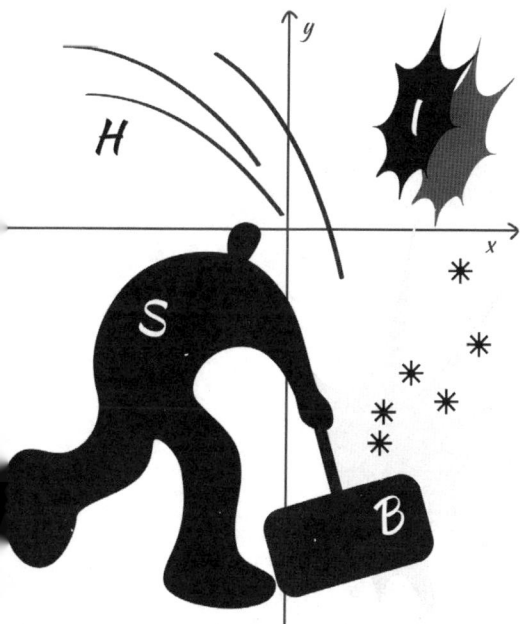

人民东方出版传媒

東方出版社

图书在版编目（CIP）数据

人类愚蠢基本定律 /（意）卡洛·奇波拉 著；信美利 译 . — 北京：东方出版社，2021.9
ISBN 978-7-5207-2307-7

Ⅰ.①人… Ⅱ.①卡…②信… Ⅲ.①经济社会学—通俗读物 Ⅳ.① F069.9-49

中国版本图书馆 CIP 数据核字（2021）第 147971 号

中文简体字版专有权属东方出版社
著作权合同登记号 图字：01-2021-3960号

人类愚蠢基本定律
（ RENLEI YUCHUN JIBEN DINGLÜ ）

作　　者：[意] 卡洛·奇波拉（Carlo M. Cipolla）
序 作 者：[美] 纳西姆·尼古拉斯·塔勒布（Nassim Nicholas Taleb）
译　　者：信美利
策　　划：姚　恋　李志刚
责任编辑：王若菡
装帧设计：UNLOOK
　　　　　unlook-guangdao.com
出　　版：东方出版社
发　　行：人民东方出版传媒有限公司
地　　址：北京市西城区北三环中路 6 号
邮　　编：100120
印　　刷：北京文昌阁彩色印刷有限责任公司
版　　次：2021 年 9 月第 1 版
印　　次：2021 年 9 月第 1 次印刷
开　　本：787 毫米 × 1092 毫米　1/32
印　　张：5.75
字　　数：46 千字
书　　号：ISBN 978-7-5207-2307-7
定　　价：49.80 元
发行电话：（010）85924663　85924644　85924641

序

纳西姆·尼古拉斯·塔勒布

（Nassim Nicholas Taleb）

当我翻开《人类愚蠢基本定律》，开始阅读第一页第一行时，有一种在读讽刺作品的感觉。读了十行之后，我的脑海中冒出一丝疑问——这是认真的吗？而当我读到第一页最后一行，又认为这毋庸置疑就是一部严肃的经济分析学术作品。然后，随着继续往后翻页，这些不同的感觉开始循环往复。谢天谢地！虽然经济学是枯燥乏味的（蓄意设计），但这本书俏皮生动，读来妙趣横生。

《人类愚蠢基本定律》主张：1）愚蠢之人的数量之多总是超乎你的想象；2）愚蠢之人的比例不会随智力、社会或地理区划因素而改变。他们在诺贝尔奖获得者中间的比例与在税务会计师样本之中的比例是相同的（诚然，我确信，在"伪诺贝尔经济学奖"的得主中，这一比例肯定更高）。在此我就不再剧透剩下的定律了，以免破坏阅读体验——因为这本书很薄。

当我读完第一页，意识到这不是一个玩笑之后，我的脑海里噼里啪啦地蹦出了一些想法。首先，作者对愚蠢有一个正式的公理性定义，即伤害他人却没有为自己带来任何利益——这与行为更容易捉摸的恶棍形成了鲜明对比，恶棍是要通过伤害你来获取一些东西的。相比之下，愚蠢之人能够造成巨大的损害，他们对维持体系不感兴趣，因为他们无法从自己的愚蠢中受益。其次，本书中的"定律"是真正的规律，作为经济规律，它应当被严肃对待，丝毫不亚于亚当·斯密（Adam Smith）的三定律、收益递减定律、奥昆定律（Okun's Law），或者其他那些你在期末考试通过后几秒钟就忘记了的定律——但我敢保证，你会永远记住奇波拉定律。

最后，人们不禁要问：为什么愚蠢之人的比例是恒定的，不随时间、地点、地理位置、职业、体重指数、脱离丹麦女王的程度和专业等级而变化？谜底可能在于本书的意大利语书名"*Allegro ma non troppo*"——快板乐章，但不过分快。自然母亲（或者说上帝，或者无论你信奉的哪种宗教）会不会也想刹车，减慢进步的速度，控制雇主数量的增长，防止GDP呈指数级增长，使经济不至于过热呢？所以，"她"创造了愚蠢之人，以减损个人和集体的利益，达成这样的目的。

真是一部名家之作。

出版历史小记

1973 年，当时正在撰写巨著《前工业时代欧洲经济史》(*Storia economica dell'Europa preindustriale*，该书于次年 1 月出版)的卡洛·奇波拉希望出版社为他的朋友印几百份他用英语写就的一篇幽默短文。

于是，意大利穆利诺出版社 (Il Mulino) 在 1973 年圣诞节期间出版了私人限量版的《胡椒、葡萄酒(和羊毛)：中世纪社会和经济发展的动态因素》，版权页上使用的是一个并不存在的社名"疯狂的磨坊主们"。

巨著《前工业时代欧洲经济史》和这篇短文

几乎同时出版——用奇波拉的话说：前者是"伟大的作品"，后者是"惊人的作品"。二者如同"双生子"一般同时出世，集中体现了这位学者兼作家最古怪的个性。

1976 年，"疯狂的磨坊主们"再次出山，为奇波拉出版了另一篇用英文写就的短篇讽刺文章《人类愚蠢基本定律》。

作者认为，他的短文只有以最初的写作语言呈现才可能得到充分的赞赏，因此长期以来他都拒绝将其翻译成其他语言。直到 1988 年，奇波拉才授权出版社将这两篇文章翻译为意大利文，合在一起出版。

矛盾的是，虽然这本书在意大利和其他很多国家已经畅销了超过四分之一个世纪，但其英文原版却从未正式出版过。2011 年，穆利诺出版社不再借"疯狂的磨坊主们"之名，而是决定实名出版《人类愚蠢基本定律》，以此纠正这种反常情况。在 1973 年圣诞节第一次出版的 39 年后，《胡椒、葡萄酒（和羊毛）：中世纪社会和经济发展的动态因素》英文版也终于得以问世。

本书的简体中文版特别收录了奇波拉在《人类愚蠢基本定律》1976 年原版中所写的"致读者信"，将其置于开篇位置。

目 录

人类愚蠢基本定律

致读者信

　　"疯狂的磨坊主们"出版的这本书印刷发行的数量有限，书中所写的内容并非针对愚蠢之人，而是写给那些有时不得不与这种愚蠢之人打交道的人的。因此，其实没必要补充说明，收到本书的人中没有人会落入图 1（见第 29 页）左下方的 S 区域。然而，多做总好过不做。正如中国哲学家所说的："博学虽是普遍智慧的源泉，但博学偶尔也会引起朋友之间的误会。"

引言

　　人类事务无可否认地处于一种可悲的状态。然而，这并非什么新鲜事。我们在历史中看到，人类事务自始至终都处于一种可悲的状态。不论是作为个体，还是作为有组织的社会成员，人类都必须承载麻烦和苦难的重担。这一重担基本上是生命本身带来的副产品，因为生命在诞生之初就是以一种最不可能——我敢说也是最愚蠢的方式形成的。

　　自达尔文起，我们知道了自己与动物王国的下层成员有着同样的起源，不论大象还是蠕虫，都必须每天经历各自的考验、困境和磨难。然而，人类有着独享的特权，必须承受一种额外的负担——人类自身内部的某个群体每天制造的额外的麻烦。这个群体比黑手党、军事工业联合体强大得多——它是一个无组织、无牌照的团体，没有首领、主席和章程，却能够整齐划一地运作，仿佛有一只看不见的手在指引，每个成员的行动都有力地强化和扩大了其他所有成员的行动效应。该团体成员的性质、性格及行为正是接下来本文讨论的主题。

在此，请允许我强调指出，本文既不是愤世嫉俗的产物，也不是失败主义的实践——它不过是一篇关于微生物学的文章。本文讨论的内容实际上旨在向着某种建设性目标努力。因为存在一种最强大、最黑暗的力量，它阻碍着人类的快乐和幸福，本文试图发现它、了解它，乃至尽可能地抵消它的作用。

01
第一条基本定律

每个人

总是不可避免地

低估了

社会运转当中

蠢人的

数量。

ALWAYS AND
INEVITABLY EVERYONE
UNDERESTIMATES
THE NUMBER
OF STUPID
INDIVIDUALS IN
CIRCULATION.

毋庸置疑，人类愚蠢的第一条基本定律是：

每个人总是不可避免地低估了社会运转当中蠢人的数量。①

起初，这条论断看似浅薄、含糊，且十分刻薄。但通过仔细审视就能揭示其真实性。无论一个人对于人类愚蠢行为的估计有多高，仍会一再被以下事实吓一跳：

1）曾经被认为是理性和聪明的人最终也会变

---

① 《圣经》的编者也清楚这条定律，他们的论断"愚者诚未可数也"就是在转述该定律的含义，只是过分沉迷于诗意的夸大：愚蠢之人的数量不可能是无限的，因为活人的数量是有限的。

得恬不知耻且愚蠢。

2）愚蠢之人总会突如其来地出现在最不方便
   的场合，或者最不可能的时刻，日复一日、
   始终如一地在某人的活动中捣乱。

第一条基本定律促使我相信，总人口中愚蠢
之人的占比不是个小数目：一切对其具体比例的
估计都是低估。因此，接下来我将用符号 σ 来表
示总人口中的这部分愚蠢之人。

02

第二条基本定律

某个人

愚蠢的概率

与他的

所有其他特征

无关。

THE PROBABILITY
THAT A CERTAIN
PERSON BE STUPID
IS INDEPENDENT
OF ANY OTHER
CHARACTERISTIC
OF THAT PERSON.

目前，西方的流行文化倾向于平等主义的生活方式。人们喜欢把人类视为由一台设计完美的大规模生产机器制造出来的产品。遗传学家和社会学家尤其喜欢用他们的方式（包括让人印象深刻的科学数据和公式）来证明，所有人生而平等，如果有些人比其他人更加杰出，应该归因于后天培养而不是自然天性。

我反对这一普遍观点。基于多年的观察和实验，我坚信：人是不平等的，有些人愚蠢，另一些人则不愚蠢，这种差异是由自然决定的，而不是由文化的力量或因素决定。某人生来愚蠢，就像某人生来是红头发一样；某人生来就属于愚蠢的那个类型，就如同某人生来就属于某种血型一样。愚蠢之人生而愚蠢，这是由上帝决定的。

虽然我确信人类中有一部分 σ 是愚蠢的，他们之所以如此，是因为遗传特征，但我不是一个试图偷偷宣扬阶级或种族歧视的反动派。我坚信，愚蠢是所有人类群体都拥有的无差别特权，按照恒定的比例统一分配。第二条基本定律对这一事实有着科学的表述：

某个人愚蠢的概率与他的所有其他特征无关。

在这方面，大自然似乎确实已经超越了自身。众所周知，自然以某种相当神秘的方式使一些自然现象保持着相对稳定的发生频率。例如，无论是在北极还是在赤道地区繁衍，无论配对的夫妻发育是否成熟，无论他们的皮肤是黑色、红色、白色还是黄色，新生儿的男女比例都是恒定的，男性的数量略微高于女性。我们不知道大自然是如何取得这样显著的成果的，但我们知道，为了达到这个目的，自然必须在相当大的基数上进行运作。关于愚蠢的出现概率的最显著事实是，自然成功地使这一概率维持在 σ，完全与群体规模无关。因此，无论我们讨论的群体是大还是小，都会发现其中愚蠢之人的比例是相同的。在人们可观察到的现象中，还没有哪一种像该现象这样，为自然之力提供了如此惊人的证明。

世界各地有许多大学进行过相关实验，都证明教育与概率 σ 无关。组成大学的各色人等可以划分为五大群体：蓝领工人、白领职员、学生、行政人员和教授。

每次分析蓝领工人，我都会发现他们当中有

一部分 σ 是愚蠢之人。由于 σ 的数值比我预期的要高（根据第一条定律），起初我也相信普遍的观点，认为隔离、贫困和缺乏教育是导致愚蠢的罪魁祸首。但是，沿着社会阶层往上攀升，我发现在白领和学生之中也普遍存在着相同的比例。教授们的表现更让人感到印象深刻。无论考量规模庞大的综合性大学还是规模较小的学院，无论这所学校是声名显赫还是默默无闻，我都会发现教授中有一部分 σ 是愚蠢的。这个结果令我迷惑不解，于是我将研究扩展到了一个特别挑选的群体，他们是真正的精英——诺贝尔奖获得者。结果再次证明了大自然至高无上的力量：在诺贝尔奖获得者中，也有一部分 σ 是愚蠢的。

这个结果也许很难获得接受和认可，但是已经有太多的实验结果证明了其基本真实性。第二条基本定律是铁律，没有例外。妇女解放运动理应支持第二条基本定律，因为它表明，愚蠢之人在女性和男性中的比例是一样的。不发达的第三世界也可以从第二条基本定律中寻得安慰，因为他们可以从中找出证据，证明发达国家也并不那么发达。然而，无论第二条基本定律是否受人欢迎，其含义都令人生畏：基本定律表明，无论你是在精英圈子里活动，还是在波利尼西亚的猎头人中间避难；无论你是把自己锁在修道院里，还是决定在美丽而狡猾的女人陪伴下度过余生，你总是要面对同样比例的愚蠢之人——而且这一比例（根据第一条定律）总是超乎意料。

03
学术间歇

在这一问题上，必须阐明人类愚蠢的概念，并定义个人特征（*dramatis persona*）。

不同程度的社交倾向界定了个人的特征。对有些人来说，与其他人进行接触是一个痛苦但必要的过程。他们和其他人真的只能被迫相互忍受。还有另一个极端，有些人完全不能独自生活，甚至宁可花时间与自己并不喜欢的人在一起，也不愿独自一人。在这两个极端之间，虽然情况多种多样，但到目前为止，无法面对孤独的人比不喜人际交往的人要多，绝大多数人更接近前者。亚里士多德在写下"人是社会动物"这句话时便承认了这一事实，他这句陈述的正确性体现在：我们是在社会群体中活动的；选择结婚的人比单身者更多；我们在又无聊又累人的鸡尾酒会上浪费了太多的时间和金钱；孤独这个词通常带有负面的含义。

无论是隐士还是社交名流，都要与人打交道，只是程度不同。即便是隐士，偶尔也要见人。而且，一个人哪怕离群索居，也会对人类产生影响。我本可以为一个人或一群人做的事情，实际上却没有做，对这个个人或群体而言，这就是机会成本（即失去的收益，或损失）。这件事的寓意是，我们每个人都与其他所有人保持着现时的平衡。通过行动或者不采取行动，每个人都得到了收益或损失，同时也给其他人造成了收益或损失。我们可以很方便地将收益和损失标示在图表上，图1便是为此绘制的基本图示。

图1表现的是一个人——我们暂且叫他汤姆吧。X轴衡量汤姆从自己的行为中获得的收益。Y

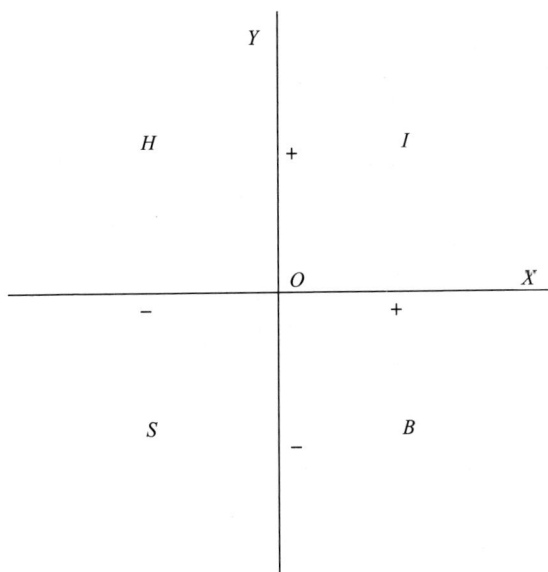

图 1

轴表示另一个人或一群人从汤姆的行为中获得的收益。收益可以是正收益、零收益或负收益——负收益实际上就是损失。X轴的O点右侧代表汤姆的正收益，左侧则代表汤姆的损失。Y轴代表与汤姆交往的个人或群体的得失，高于O点表示收益，低于O点表示损失。

为了明确这一切，让我们参考图1举一个假设的例子。汤姆采取了一个行动，影响到了迪克。如果汤姆因为该行动获得了收益，而迪克因为该行动遭到了损失，则该行动在图示上被标记为一个点时，就会出现在B区。

如果愿意，X轴和Y轴上的收益和损失当然可以用美元或法郎来计算，但心理和情感上的奖励、满足感以及压力也应当被考虑进来。这些东西都是无形的，很难依据客观标准来衡量。对于这个问题，成本－效益分析虽然不能彻底将其解决，但还是有些帮助的。但我并不想用这些技术细节来打扰读者：范围不精确必然会影响测量，却并不会影响论证的本质。然而还必须明确一点：在考虑汤姆的行动时，我们要用到汤姆的价值观，但要确定迪克的收益（无论是正面的还是负面的），就必须依靠迪克的价值观，而不是汤姆的。这一公平规则常常被遗忘，由于未能实践这种文明的规则，造成了许多麻烦。再举一个无趣的例子。汤姆打了迪克的头，他从这项行动中得到了满足感。他可能会谎称迪克很高兴被他打到头。然而，也许迪克并不赞同汤姆的观点。事实上，迪克可能会因为被打到头而不高兴。打迪克头的行为对迪克来说究竟是收益还是损失，应该由迪克决定，而不是由汤姆决定。

04

第三条基本定律

（黄金法则）

愚蠢之人就是
在对另一个人
或另一群人
造成损失的
同时，
自己却没有获得
任何收益，甚至
可能自己也有
损失。

A STUPID PERSON IS
A PERSON WHO
CAUSES LOSSES
TO ANOTHER PERSON
OR TO A GROUP OF
PERSONS
WHILE HIMSELF
DERIVING NO GAIN
AND EVEN POSSIBLY
INCURRING LOSSES.

第三条基本定律认为，虽然没有明确规定，但可以将人分为四个基本类别：无用之人、聪明人、恶棍和愚蠢之人。敏锐的读者很容易发现，这四个类别对应着基本图示的四个区域：H、I、B、S（见图 1）。

如果汤姆的行动在给迪克带来某种收益的同时却使自己遭受损失，那么汤姆的标记就落在 H 区——他属于无用之人。如果汤姆通过某种行动获得了收益，同时也给迪克带来了收益，标记就落在 I 区——他是聪明人。如果汤姆的某个行动令自己受益，但使迪克遭受损失，这个标记就落在 B 区——他像个恶棍。愚蠢之人则与 S 区以及 O 点下方 Y 轴上的各个位置都有关。

正如第三条基本定律所言：

愚蠢之人就是在对另一个人或另一群人造成损失的同时，自己却没有获得任何收益，甚至可能自己也有损失。

第一次遇到第三条基本定律时，理性之人会本能地做出怀疑的反应。事实上，理性之人很难设想和理解不合理的行为。但是，让我们放弃高高在上的理论，实事求是地回到日常生活中。我们都还记得：有时候，某个家伙采取了损人利己的行动——于是我们不得不对付这个恶棍；有时候，某个家伙采取的行动害他自己遭受损失，却给别人带来收益——这时我们不得不与一个无用之人打交道①。我们还可以回忆起某个家伙的行动使双方都受益——他是个聪明人。这种情况确实会发生。但是，深思熟虑之后必须承认，双赢在日常生活中并不是最常见的。我们日常生活的主要内容，是因一些荒谬之人难以置信的行动而失去金钱、时间、精力、胃口之中的一种或多种，失去快乐和健康。这些人没从行动中获得任何收益，却给我们造成了窘迫、困难或伤害。没有人能够知道或者理解，也没有人可以解释，为什么那个荒谬之人要这么做。事实上，此事根本无解——或者更确切地说，只有一个解释：这是个愚蠢之人。

---

① 请注意条件"某个家伙采取了行动"。他主动采取行动的事实对于确定他是不是无用之人具有决定性的意义。如果导致我受益而他受损的行动是我采取的，那么判断就不一样了：我会是一个恶棍。

05
频率分布

　　大多数人的行为并非前后一致。在某些情况下，某个人的行为是明智的；而在另一些情况下，同一个人也会做些无用之事。对于这一规律，愚蠢之人是唯一的重要例外，因为他们往往在人类的所有行为领域，都执着地保持着前后行为的完美一致性。

　　如前所述，可以标记在基本图示上的并非只有愚蠢之人。根据一个人行为的前后差异程度，我们可以计算出他的加权平均值，确定其在图1中的位置。无用之人可能偶尔表现得聪明，有时又会做出恶棍的行为。但这个人本质上还是无用之人，大部分的行为仍然表现出无用的特征。因此，根据此人所有行为效益的加权平均值，就可以将他放在基本图示的 H 区。

我们有可能将个人而不是其行为标记在图示中，这样一来，恶棍和愚蠢之人两种类型的频率分布也就不可避免地会存在差别。

若某个人的行为给他人造成的损失完全等于他自己的收益，那么此人就是完美的恶棍。最初级的恶棍类型是偷窃。某个人抢了你 100 英镑，没有给你造成额外的损失或伤害，那么他就是一个完美的恶棍，即你损失了 100 英镑，而他获得了 100 英镑。在基本图示中，完美的恶棍会出现在一条 45 度的对角线上，这条线将 B 区划分为两个完全对称的子区域（见图 2 的 OM 线）。

然而，完美恶棍的数量是相当少的。OM 线将 B 区划分为两个子区域 B_l 和 B_s，到目前为止，大多数恶棍都会落在这两个子区域之一的某个位置。

处在 B_l 区的恶棍，其行动给自己带来的利益

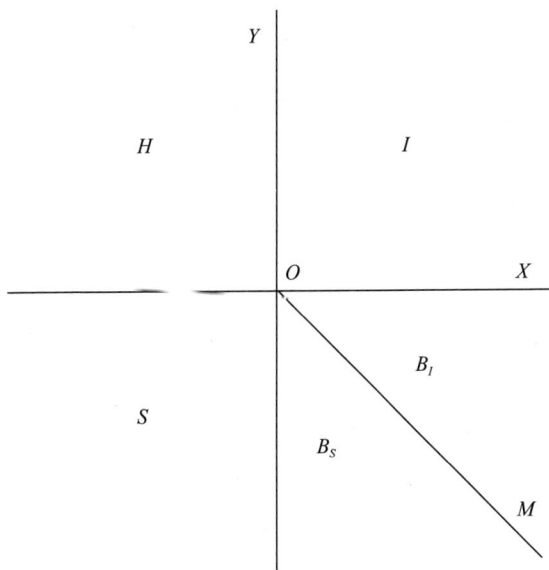

图 2

大于给其他人造成的损失。所有在 B_1 区获得一席之地的恶棍都还算是聪明的恶棍，越靠近 X 轴的右侧，他们就越多地分享了聪明人的特征。可惜的是，在 B_1 区享有一席之地的人数量并不多。大多数恶棍实际上都在 B_S 区。处于这个子区域的人所做的事，给自己带来的收益小于给其他人造成的损失。比如有人为了抢劫 50 英镑而宰了你，或者为了和你妻子在蒙特卡洛共度周末而谋杀了你，那么可以确定的是，他并不是一个完美的恶棍。即使用他自己的价值观来衡量他的收益（但仍然使用你的价值观来衡量你的损失），他在 B_S 区所处的位置也非常接近纯粹的愚蠢了。同样属于这个区域的还有参战的将军们，他们造成了巨大的破坏和无数伤亡，只换取了一次晋升或者一枚勋章。

愚蠢之人的频率分布与恶棍完全不同。恶棍大多分散在一个区域，而愚蠢之人则基本集中分布在一条线上，尤其集中于 O 点下方的 Y 轴上。原因在于，迄今为止，大多数愚蠢之人基本都直直地站在愚蠢线上毫不动摇——换言之，他们坚持不懈地给他人造成伤害和损失，自己却毫无所获，既没有收益也没有损失。然而，还有一些人会难以置信地做出一些损人损己的事情。这些人就属于超级愚蠢之人，在我们的统计系统中，他们会出现在 Y 轴左侧的 S 区。

06

愚蠢和权力

　　与所有人类一样，不同的愚蠢之人对其同胞们的影响也天差地别。一些愚蠢之人造成的损失通常有限，而另一些愚蠢之人却能造成极大的影响，不是针对一两个人，而是广泛、严重地危害整个社区乃至全社会。愚蠢之人的破坏力取决于两个主要因素。第一个因素是遗传。有些人继承了数量庞大的愚蠢基因，并且凭借遗传，从出生起就占据了愚蠢群体中的"精英"位置。决定愚蠢之人破坏力的第二个因素与其在社会中所拥有的权力地位和影响力有关。在官僚、将军、政客和国家元首中间，人们不难找到显而易见的愚蠢案例，因为他们曾经占据（或正在占据）的权力地位，其破坏力以惊人的方式得到了（或正在得到）增强。宗教要人也不应被忽视。

理性之人经常提出的问题是：愚蠢之人如何以及为什么能够爬上高位，拥有重要的影响力呢？

在前工业化时代的大多数社会体系中，阶级和种姓这样的社会机制保证了愚蠢之人稳定的上位之路。宗教则是另一个促成因素。现代工业社会来临后，阶级和种姓被驱逐出话语和概念，宗教也逐渐式微。但是，我们用政党和官僚取代了阶级和种姓，用民主取代了宗教。民主制度下，普选成为确保权力阶层中 σ 数值维持稳定的最有效手段。我们必须牢记，根据第二条基本定律，选民中有一小部分 σ 是愚蠢之人；而选举为所有愚蠢之人提供了一个绝佳的机会，让他们可以伤害其他人，而自己却什么也得不到。因为他们帮助维持了当权者之中的 σ 水平。

07

愚蠢的力量

　　社会、政治和体制权力如何增强一个愚蠢之人的破坏力，并不难理解。但是，关于为什么一个愚蠢之人会威胁到其他人的安全这一问题，我们仍须花费些精力来解释和理解其中的根本原因——换言之，究竟是什么构成了愚蠢的力量。

　　从本质上说，愚蠢之人危险且具有破坏性，因为理性之人很难想象和理解不合理的行为。一个聪明人也许能够理解恶棍的逻辑。恶棍的行为遵循着一种理性的模式——你可以称之为卑劣的理性，但终究是理性。恶棍想要增加自己的利益。因为他不够聪明，想不出在自己获得利益的同时也让你获利的办法，所以只能通过减损你的利益来增加他的利益。这当然不是好事，但却是合理的，如果你是理性之人，就可以预见到这样的事情。你可以预见到恶棍的行为，清楚其卑劣的伎俩和丑陋的欲望，因此通常可以提前有所防备。

然而正如第三条基本定律所言，面对一个愚蠢之人，这一切则根本不可能实现。这个愚蠢的生物会没来由地骚扰你，得不到任何好处，也没有任何计划或章程，而且是在最不可能的时间和地点。没有哪种理性的方法可以告诉你，这个愚蠢的生物是否、何时、如何以及为什么要攻击你。面对一个愚蠢之人，你只能完全听他摆布。

因为愚蠢之人的行为不符合理性规则，所以得出如下论断：

1）你被攻击一般来说是个意外；

2）即使意识到攻击会发生，你也无法组织理性的防御，因为这种攻击本身毫无合理性。

愚蠢之人的活动和态度完全是不稳定和非理性的，这不仅使防御成了问题，还令一切反击都成为徒劳——就像是在试图射击一个不走寻常路的、毫无章法的移动目标。这也是狄更斯和席勒共同的想法。狄更斯说："人只要愚蠢并且拥有健全的消化系统就无所畏惧。"席勒则写道："要与愚蠢战斗，神仙也徒劳。"

还必须考虑到另一种情况。聪明人知道自己聪明，恶棍也知道自己是恶棍。没有自知之明十分恼人，更麻烦的是这种缺乏自知的感觉扩散开来。与聪明人、恶棍这类人不同，愚蠢之人并不知道自己愚蠢。这又大大增强了愚蠢之人行动的破坏力，提高了愚蠢的发生率和效率。盎格鲁–

撒克逊人所谓的"自我意识"没能抑制愚蠢。愚蠢之人脸上还带着微笑，仿佛在做着世界上最自然的事情，他突然出现，粉碎了你的计划，破坏了你的平静，使你的工作和生活都变得错综复杂，让你失去金钱、时间、幽默、胃口以及生产力，而这一切都没有恶意，没有悔恨，也没有理由，单纯只是愚蠢。

08
第四条基本定律

非愚蠢之人
总是低估
愚蠢之人的
破坏性
力量。

NON-STUPID
PEOPLE ALWAYS
UNDERESTIMATE
THE DAMAGING
POWER
OF STUPID
INDIVIDUALS.

特别是

非愚蠢之人

总是忘记，

不论在何时、何地、

何种情况下，

与愚蠢之人打交道

或结为同伴

都是一个代价高昂的

错误。

IN PARTICULAR
NON-STUPID PEOPLE
CONSTANTLY FORGET THAT
AT ALL TIMES AND PLACES
AND UNDER ANY
CIRCUMSTANCES
TO DEAL AND/OR
ASSOCIATE WITH
STUPID PEOPLE
INFALLIBLY TURNS OUT
TO BE A
COSTLY MISTAKE.

　　无用之人，即那些在我们的统计体系中归入H区的人，通常意识不到愚蠢之人有多危险，这也并不奇怪。他们的失败只是另一种无用的表现。然而真正令人惊奇的是，聪明人和恶棍往往也意识不到愚蠢之人固有的破坏力量。要解释为什么会发生这种情况相当困难，只能说，聪明人和恶棍在面对愚蠢之人时往往会犯一个错误，即沉溺于骄傲自满和不屑一顾，没有立即分泌出足够的肾上腺素来组织防御。

　　人们倾向于相信，愚蠢之人只会伤害他自己，但这其实是把愚蠢和无用混为一谈了。有时，某人试图和愚蠢之人建立联系，只是为了利用对方来实现自己的计划。这种伎俩必然会产生灾难性的后果，因为：

1）这种做法完全误解了愚蠢的本质；

2）它给愚蠢之人发挥其"天赋"提供了更多机会。

有的人或许寄希望于能以头脑压过愚蠢之人，而且可能真的这样做了。但是，由于愚蠢之人的行动反复无常，人们无法预见其所有的愚蠢行为和反应，这些愚蠢搭档出其不意的举动很快就会粉碎人们的希望。

第四条基本定律对此有着清楚的总结：

非愚蠢之人总是低估愚蠢之人的破坏性力量。特别是非愚蠢之人总是忘记，不

论在何时、何地、何种情况下，与愚蠢之人打交道或结为同伴都是一个代价高昂的错误。

千百年来，无论是在公共生活还是私人生活中，忽视第四条基本定律的大有人在，这种忽视给人类造成了无法估量的损失。

09

宏观分析

及

第五条基本定律

愚蠢之人
是最危险的
一种人。

A STUPID PERSON
IS THE MOST
DANGEROUS
TYPE OF PERSON.

愚蠢之人
比恶棍
更
危险。

A STUPID
PERSON IS MORE
DANGEROUS
THAN A BANDIT.

前一章结尾的讨论有利于宏观类型分析，在这种宏观分析中，我们不考虑个人的福利，而是考虑社会整体的福祉；这里所说的社会福祉是指个人福利的代数总和。全面了解第五条基本定律对于宏观分析必不可少。顺便多说一句，在五条基本定律中，第五条当然是最著名的，根据它得出的推论经常被人引用。第五条基本定律规定：

愚蠢之人是最危险的一种人。

第五条基本定律的推论是：

愚蠢之人比恶棍更危险。

这条定律及其推论依然是针对微观类型的。然而如上所述，该定律及其推论具有宏观性的深远影响。

需要牢记的要点是，完美恶棍（图 2 中 OM 线上的人）的行动结果纯粹就是财富和福利的简单转移。完美的恶棍在行动后给自己增加的收益，正好相当于他给另一个人造成的损失，社会作为一个整体，既没有变得更好也没有变得更差。如果一个社会中的所有成员都是完美的恶棍，那么该社会将停滞不前，但不会发生重大灾难。社会上发生的事就只是财富和福利的大规模转移，使那些采取行动的人获利。如果所有社会成员都规律地轮流采取行动，那么不仅整个社会，每个个人也都会发现自己处于完全稳定、一成不变的状态。

然而一旦愚蠢之人出手，事情就完全不一样了。愚蠢之人给其他人造成了损失，自己却没有获益。因此，社会福祉在整体上被削减了。

基本图示所体现的统计系统表明，POM线（见图3）右侧区域里的所有个人行为都不同程度地增加了社会的福祉，而同一条线左侧区域里的所有个人行为则会对社会福祉造成损害。

换言之，聪明的无用之人（H_l区）、聪明的恶棍（B_l区），以及重要性居于首位的聪明人（I区），都不同程度地为社会福祉做出了贡献。另一方面，愚蠢的恶棍（B_S区）和愚蠢的无用之人（H_S区）则在愚蠢之人造成的损失之上继续加码，从而使得后者的巨大破坏力进一步增强。

所有这些反映了一个社会的表现如何。根据第二条基本定律，愚蠢之人的比例是一个不受时间、空间、种族、阶级、社会文化或历史等变量影响的常数 σ。如果你认为衰败的社会里愚蠢之人的数量要比发展中的社会里更多，那就大错特错了。这两种社会都会受到同样比例的愚蠢之人的困扰。二者的区别在于：在表现不佳的社会里，

1）其他社会成员允许愚蠢之人拥有更大的活动空间，采取更多的行动；

2）非愚蠢部分的人口构成会发生变化，I、H_I、B_I 区域的人数相对减少，H_S 和 B_S 区域的人数所占比例增加。

对历史案例的详尽分析充分证明了这一理论假设。事实上，历史分析使我们能够以一种更实证的方式来重新推导结论，并增加更真实的细节。

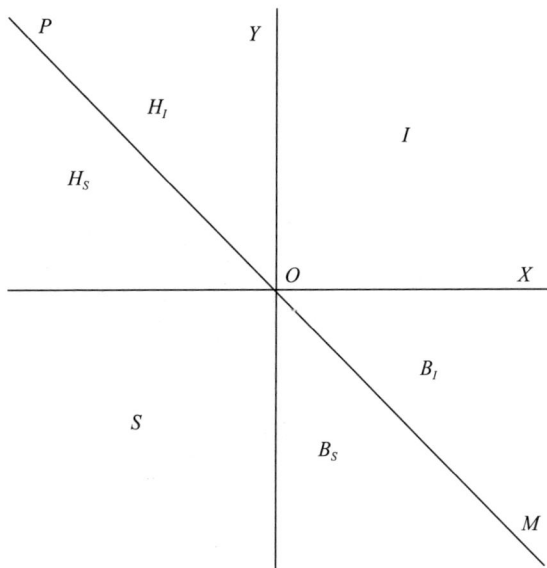

图 3

  无论是讨论古典时代、中世纪、现代抑或当代，我们都会对以下事实印象深刻，即所有蒸蒸日上的国家中都不可避免地拥有比例相当高的愚蠢之人。不过，发展期的国家也会有相当高比例的聪明人，他们尽可能地遏制 σ 的数值，同时为自己和社会共同体中的其他成员创造出足够的收益，使得社会进步成为必然。

  在一个正在衰败的国家里，愚蠢之人所占的比例依然为 σ ；然而可以看到，在剩余人口中，当权者中愚蠢的恶棍（图 3 中 B 区的子区域 B_S）的数量急剧增长，到了令人担忧的地步；未当权者中，无用之人（图 1 基本图示中的 H 区）的数量增长同样惊人。这种非愚蠢人口构成的变化不可避免地加强了 σ（愚蠢之人）的破坏力，使得衰落成为必然，国家堕入地狱。

附录

在下面几页中，我们为读者提供了一些基本图示，可用于记录当前与自己打交道的个人或群体的行为。这样读者就能够对需要审查的个人或群体进行有效的评价，进而采取合理的行动方针。

X=_____   Y=_____（读者）

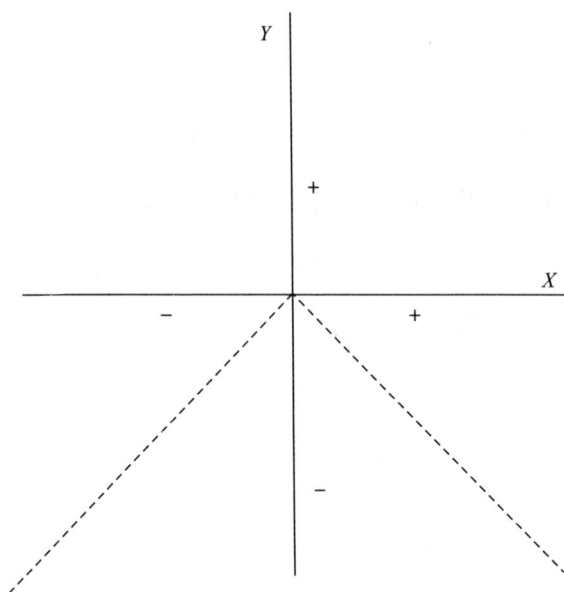

X=_____   Y=_____（读者）

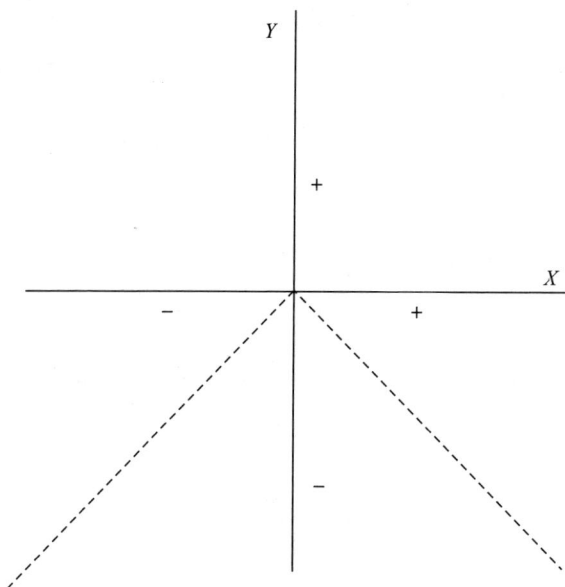

X=_____   Y=_____（读者）

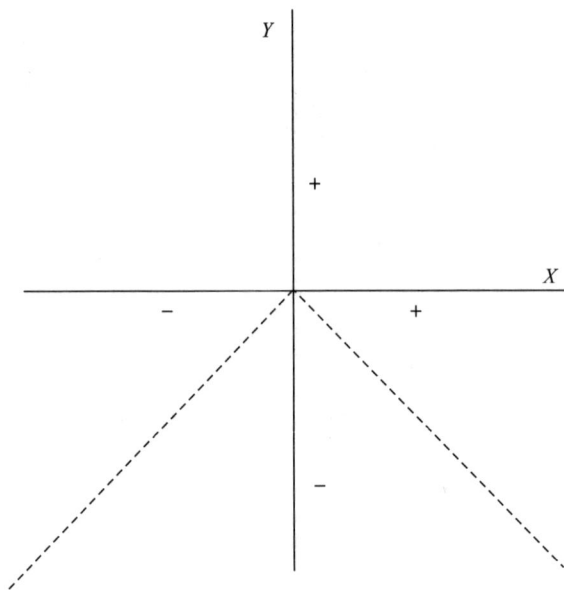

X=_____   Y=_____（读者）

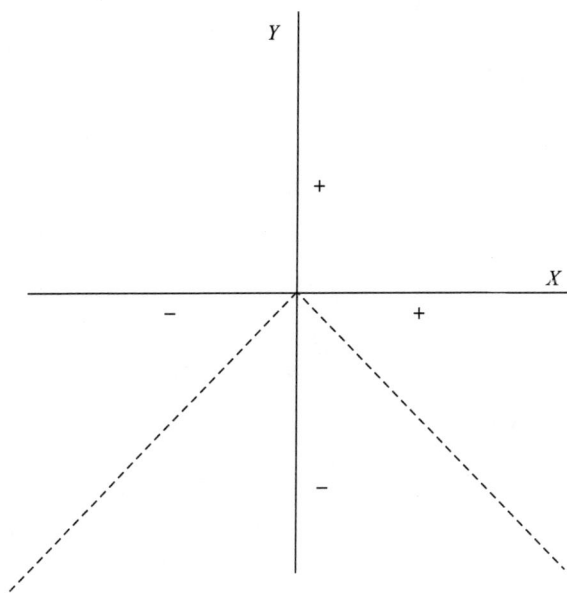

胡椒、葡萄酒（和羊毛）

中世纪社会和经济发展的动态因素

第 01 章

　　对欧洲来说，罗马帝国衰亡即使不是灾难之最，也是撼动文化、经济和社会的最大灾难之一。在当时，一些人并没把这灾难当回事，这在人世间也是常有的。当汪达尔人袭来之时，迦太基的居民们正徜徉在露天剧场；当蛮族人逼近城墙时，科隆贵族正在宴会上大快朵颐。然而，另外一些人对待灾难的态度则比较严肃。当阿拉里克（Alaric）率领的西哥特军队于公元 410 年夏占领罗马时，住在伯利恒的圣哲罗姆（St. Jerome，在当时尚未封圣）写道："全世界最明亮的光熄灭了。"并痛苦地表示："若罗马可灭，何处得安？"

　　除了少数例外，现代历史学家一致认为我们

应当重视罗马帝国衰亡问题[1]。但在解释罗马衰亡的原因时，他们存在分歧。有的责怪基督徒，有的怪罪异教徒堕落，有的归咎于福利国家的兴起，有的认为是由于农业衰落、生育率下降或者农民崛起。最近还有一位美国社会学家提出，罗马帝国衰亡是因为罗马贵族铅中毒。

如果一个人长期通过口腔或肺部摄入铅，每日剂量超过一毫克，就会导致痛苦的便秘、食欲不振、四肢瘫痪，乃至最终死亡。此外，铅会导致男性不育，女性流产或生下死婴。根据上文提到的那位社会学家的研究，罗马人对这种金属摄

---

[1] 在这些少数例外中，人们或许会提到部分基督教作家，他们把罗马帝国衰亡视为救世主将人类从异教徒手中拯救出来的及时行动。最近，一位显然对当前高税率心存不满的英国经济史家提出，应视罗马帝国衰亡为幸事，因为它"令数百万西欧纳税者得以从绝望的压迫中解放出来"。

入过量，尤其是贵族阶层，因此足以导致严重的后果。不仅老普林尼（Pliny the Elder）建议"应使用铅壶代替青铜壶"，铅还在水管、杯子、筛子、化妆品、药品和油漆的制造中发挥着重要作用。此外，为了保存葡萄酒并使之更加香甜，罗马人会往酒里添加一种未经发酵的葡萄汁制成的糖浆，这种糖浆首先要在以铅做内壁的锅中煮沸。借此，罗马人可以杀灭酒中的微生物，从而推迟葡萄酒变酸的时间。但他们不知道，在对葡萄酒进行消毒的同时，也是在"消灭自己"。

贵族阶层的"高死亡率和低出生率，强有力地印证了铅中毒的事实"。几代人之后，这种"贵族淘汰"消灭了思想和文化领袖。因此，罗马并非如皮加尼奥尔（Piganiol）教授所说的那样，毁于日耳曼掠夺者，而是亡于奴隶铅管工的慢性下毒。

第 02 章

　　无论如何，黑暗时代已然拉开帷幕。最近有位学者指出，黑暗时代"对野蛮人来说也许没那么黑暗"。而我们并非"野蛮人"，所以对我们来说，黑暗时代显然是昏天黑地。在黑暗的国度里会发生一些奇怪的事情。黑暗中，人们被划分成战斗之人、祈祷之人和劳作之人。几个世纪之后，腓力六世的秘书维特里（Philip of Vitry）对这种人员划分进行了合理化处理，他写道：

　　为了逃避目之所及的邪恶，人们将自己划分成三类：一类向上帝祈祷；第二类从事交易和耕作；最后，为了保护这两类人免于犯错和受伤害，人们设置了骑士。

最后这个说法明显带有偏见且过于乐观。骑士们对"保护其他两类人免于犯错和受伤害"并不上心。相反，他们固守的理念是：终结生命。如果无法将人类当作终结对象，他们就在狩猎游戏中屠杀动物。总而言之，他们设法造成了足够多的"过错和伤害"，让欧洲变成了一个极其不适宜居住的地方。

就好像这样还不够，来自欧洲以外或欧洲边缘地区的异族人又不断施压，使得暴力和劫掠变本加厉。这些异族人包括来自南方的穆斯林、来自东方的匈奴人，以及来自北方的古代北欧人。古代北欧人很可能是最糟糕的。至于他们为什么突然开始大肆入侵，又是如何做到的，以及他们为什么得以如此长久且持续不断地侵扰欧洲的其他地区，没有人知道。当然了，他们在造船领域

拥有卓越的技术 [①]。

至于动机，在他们的心目中，劫掠是最重要的，但也可能不止于此。最近，一份挪威出版物指出，我们必须考虑到如下因素：

在好战的（古代北欧人）社会里，妇女拥有稳固和主动的地位。她们往往骄傲且坚强，然而一旦情况需要，也可能背信弃义。她们无所畏惧。

难怪这些令人敬畏的女人的丈夫们极度渴望

---

① 　维京人是一个原始族群，但其发展程度相当高。有位美国人类学家计算出了一些原始族群的"社会文化发展的旋转因子指数（rotated factor index）"。维京人的"旋转指数"为1.60，阿兹特克人为1.73，霍屯督人为0.99，马弗鲁人（Mafulu）为0.89，布须曼人为0.44，极地爱斯基摩人为0.28。

海外长途旅行！在南方流窜的维京人找到了足够多的方式来忘记自己的家庭问题。根据《圣伯廷年代记》（*Annales de Saint-Bertin*）的记载，公元865年，诺曼人

派出一支两百人的队伍前往巴黎搜寻葡萄酒。

持续的暴力和悲惨的生活条件导致死亡率急剧上升。高死亡率造成的巨大人口损失必须由高生育率来弥补。罗马陷落之后，欧洲人改掉了用铅"消灭"自己的坏习惯，这是件好事。但也是在罗马陷落之后，欧洲与东方的贸易额逐渐缩减，东方胡椒在西方变得越来越罕见，越来越昂贵。穆斯林在公元7世纪和8世纪的进步给了东西方

之间已经摇摇欲坠的关系最后一击。胡椒变得更

加稀缺了。

第 03 章

胡椒是一种强效的壮阳药。欧洲人被剥夺了胡椒，由本地和外来军阀造成的人口损失便很难弥补。人口减少，沼泽和森林扩大，城镇衰落。于是，人们对现世的好生活不再抱有任何希望，转而把所有希望都寄托在来生，挂在天上的馅饼在某种程度上帮助他们忍受着现实生活中胡椒的匮乏。

只有白痴才能无忧无虑地展望未来，神志清醒之人则带着无法形容的恐惧向前看。《启示录》中令人敬畏的天启骑士即将出现，这是唯一的可能。所有头脑清醒的人都一致认为，这件事注定会在公元999年12月31日的午夜发生。然而，当宿命时刻来临，什么都没发生，天启骑士并没有出现。

第 04 章

　　实际上，新千年竟成了欧洲的太平盛世。这一切始于两个人——不来梅大主教（Bishop of Bremen）和隐士彼得（Peter the Hermit），他们必须被视为欧洲帝国主义的创始人。大主教嗜好蜂蜜和游戏，彼得则渴望辛辣的食物。他们所做的事本质上很简单。他们周围都是些以互相屠杀为乐的强硬人物，而他们充当着催化剂：在他们的领导下，强硬派把互斗的屠刀转向了异族。

　　不来梅大主教是德国人，性格坦率。公元1108年，令人生畏的大主教垂涎着蜂蜜，振臂高呼：

　　　　斯拉夫人是一群可恶之人，但他们的土地盛产蜂蜜、谷物和鸟类，无与伦比。年轻

111

人啊，去往东方吧，在那里，你可以拯救你的灵魂；若是喜欢，你还能获得最好的土地来生活。

于是不来梅大主教开始敦促东进。

隐士彼得是法国人。根据提尔的威廉（William of Tyre）记载："彼得出生在法兰克王国的亚眠教区。他是个相当孱弱的矮小男人，却有一颗伟大的心。"据诺根的吉伯特（Guibert of Nogent）说，彼得"几乎不吃面包，全靠酒和鱼过活"。所以说他不会有胆固醇问题。然而，有人说彼得嗜好放胡椒的食物。他之所以只靠酒和鱼过活，是因为他只是一个贫穷的隐士，而非富有的修道院院长，负担不起由商人走私到西方的黑市胡椒的高昂价格。彼得独自隐居在黑漆漆的

森林里，周围全是静悄悄的参天大树，他默默忍
受，向上帝祈祷自己可以获得一些胡椒，给他简
单的饭菜增加些许滋味。但上帝知道，哪怕只是
少量的胡椒，也会终结彼得圣洁的生活。因此，
上帝赐予他雨、雪、闪电，而不是胡椒①。从上帝
的角度来看，这是正确且明智的做法；但从彼得
的角度来看则不然。而且，彼得并不是个普通人。
独自隐居的彼得一步步制订出了自己的伟大计
划——鼓动一次十字军东征，将圣地从穆斯林手
中解放出来。因为多年独自一人、自言自语，彼
得变得有些迟钝，但他非常清楚地知道自己可以
做些什么。十字军东征将击败穆斯林，解放圣地。

---

① 弗朗西斯·高尔顿（Francis Galton）的著作《关于祈祷功效
的统计调查》（*Statistical Inquiries into the Efficacy of Prayer*）中并
没有提及彼得这一负面案例。

同时，它也将打通通往东方之路，使欧洲获得稳定的胡椒供应成为可能。这是"一石二鸟"之计，天上的甜馅饼和尘世的辣馅饼就都能到手了。至于东征能否成功，答案是毫无疑问的，因为东征的目的是焚烬穆斯林、解放圣地，即便全能之神清楚地知道彼得的隐秘愿望，又岂会袖手旁观？

仅仅一个想法就对人影响如此之大，令人称奇。沉默、孤独的隐士彼得离开了满是静悄悄的参天大树的黑漆漆的森林，走过一个个小村子、一个个大村庄、一座座城堡，用炽烈的信仰与高亢的话语点燃了每一个人。"他擅长演讲。"提尔的威廉如此赞叹道。但是，事情如此成功不仅仅是彼得的功劳，还有许多其他社会文化因素的影响。

第05章

各种形式的人类迁移活动中，既有"推动"因素，也有"牵引"因素。显然，胡椒属于"牵引"因素；而酒则是"推动"因素。法国人吕特伯夫（Rutebeuf）说，豪饮一晚葡萄酒，所有骑士都会对十字军东征热情满满，自我吹嘘武力强大、完胜异教徒。吕特伯夫是在公元13世纪写下这些话的，但他的言辞无疑也可以用于形容小个头彼得及其追随者。我已经提到过，根据诺根的吉伯特的说法，彼得"靠鱼和酒过活"。他的追随者也许不吃鱼，但肯定喝葡萄酒。

当时的社会经济条件有利于彼得的计划。封建领主总是因血腥的生活方式而受到官方教会的温和谴责。现在，彼得给他们提供了机会，既能继续大肆屠杀，又可以赚到通往天堂的免费通行证。还有那些被严格的封建法律排除在继承权之外的年轻贵族后裔也看到了希望，既可以消灭穆斯林，在东方获得大量土地，又可以取得全能之神眼中所谓的功绩。普通百姓也得以摆脱寒门，带着教皇的祝福出外掠夺。

第 06 章

　　工业革命之前，运输和通信一直是困难且缓慢的。即使是在罗马时代，虽然罗马人铺设了良好的道路，架设了美丽的桥梁，其运输和通信仍然不尽如人意。罗马陷落之后，帝国的道路逐渐荒废，桥梁垮塌殆尽，因此运输和通信相比以往更加艰难。人们尽可能地选择水路。然而，在隐士彼得那个时代，地中海实际上处于穆斯林海盗的控制之下。彼得和他的朋友们渴望与穆斯林一战，却并不希望与他们在公海上相遇。因为骑士们知道如何骑马战斗，但在摇摇晃晃的船上，他们中的大多数人只会晕船，绝对不想在晕船的时候遭遇穆斯林海盗。所以，大多数十字军都选择了沿陆路长途跋涉。

　　十字军知道，这是一段漫长的旅程。而且他

们虽然因葡萄酒和彼得鼓舞人心的话语而被激发了热情，却也明白，突破异教徒的防线可能需要一些时间。他们十分清楚，这次离家的时间将会相当漫长。

抛开斯堪的纳维亚的特例不谈，我们可以肯定地说，中世纪的欧洲是由男性主导的。男人们认为自己是主人；至于女人们心中是如何想的，我们不得而知。虽然她们公开宣称接受男性的主导地位，但正如谚语所说："相信你的妻子是件好事，但更好的是别相信她。"几乎所有的十字军都是文盲，但他们知道这句谚语，因为在文盲时代，信息和行动指示都来源于谚语。于是，即将离家的十字军机智地想出了铁制贞操带的办法，并匆忙地将这个想法付诸实践①。随之而来的是铁匠们的光辉时刻，欧洲冶金业也迎来了（西）罗马帝国灭亡后的第一次复兴。这只是一系列壮观非凡的大事件中的第一件。

---

① 并非所有的欧洲妇女都接受留在家里、被绑上贞操带。带着对胡椒的渴望，有些妇女追随十字军出征了。例如，据阿拉伯编年史家伊马丁（Imad Ad Din）记载，有一次，"三百名美丽的欧洲妇女乘船抵达近东。她们年轻貌美，集体将自己奉献给十字军。这些身材丰满的妓女令人愉悦，却也傲慢无礼，她们付出了很多，也拿走了很多"。

第 07 章

穆斯林被打败了。隐士彼得满足了自己的胃口，将黑漆漆的森林中那些静悄悄的参天大树抛诸脑后。其余的十字军也发现了许多有趣的事情，愉快地忘记了家乡和绑着贞操带的妻子。当时的编年史家沙特尔的富尔彻（Fulcher of Chartres）写道：

> 现在，西方人变成了东方人。我们已经忘记了自己的出生地。有的人已经在此处拥有了家和家人，就好像是由父权和继承权授予的一样；另一些人娶的根本不是同胞，而是叙利亚人、亚美尼亚人，甚至是受过洗的撒拉逊妇女。每天都有亲友心甘情愿地放弃在西方拥有的一切，追随我们的脚步四处奔

波。那些原本贫穷之人，因上帝帮忙而在此处发家致富。那些兜里只有几便士的人，在这里却拥有了无数黄金。既然如此，何必还要放弃这里回到西方呢？

上帝、胡椒、金块、隐士、封建领主和撒拉逊妇女都以某种奇怪的方式参与其中，在所有这些稀奇古怪的事情中，唯一还保持着冷静头脑的是意大利人。因为日耳曼人的入侵，意大利威尼斯人处境艰难，被迫在一些沼泽岛屿上避难。根据公元10世纪的一位观察者记载："那个国家不犁地，不播种，也不采集葡萄。"为了谋生，他们必须从商。

近年来，有位敏锐的历史学家写道：

威尼斯人为了获取贸易特权不计代价，唯一能与这种狂热相提并论的只有热那亚人对待贸易的踌躇不前了。

一位同样敏锐的经济学家补充道：

头脑简单的十字军发现自己变成了商业利益的棋子，他们对此很难理解。前三次十字军东征期间，威尼斯人为他们提供了船只，像对待集市上的乡巴佬那样无耻地欺诈他们。

事实上，十字军在圣地站稳脚跟之后，意大利人很快就意识到商机来临了。隐士彼得并不是唯一一个渴望胡椒的欧洲人。西方有成千上万的彼得，而受到利益驱使的聪明的意大利人尽管没有受过专业的市场培训，却以令人羡慕的敏锐抓住了这个机会。如果换作荷兰人、德国人或英国人，他们定会被纳入新教伦理，成为令人钦佩的榜样。可惜他们是意大利人，只能被用作卑鄙、"贪婪"和"在贸易中肆无忌惮"的反面教材。话虽如此，正因为意大利人反应敏捷，胡椒贸易才进入了一段长时间的极速扩张时期。在埃及的亚历山大，整条街甚至整个街区都在买卖胡椒；在西方，胡椒在几乎完全消失了几个世纪之后，再次理所当然地出现了，且数量持续增长。

第08章

西欧从一个阴郁、灰暗、不幸的地方迅速变成了一个幸福的国度，闪耀着活力和乐观的光芒。随着胡椒消费量的增加，西方男人们感到精力充沛，可周围这么多漂亮的女士却被贞操带锁着，因此他们很快对冶铁产生了浓厚兴趣，许多人甚至把自己当成职业铁匠，几乎每个人都开始努力地锻造钥匙。这主要导致了两个结果：

1）史密斯（Smith）这一姓氏在西欧变得极为常见；
2）欧洲冶金发展进入"起飞"阶段，而后是"自给式增长"阶段。

胡椒的一个重要特点是保质期长；另一个特

点是极易流通，因为没有哪个有理智的人会拒绝胡椒。这些特质使得它不仅可以用作个人能量的来源，还可以作为交易媒介。于是胡椒开始扮演货币的角色，商人也就成了银行家。在金融领域，精明的商人们不仅放贷给穷人，也向奢侈的君王放高利贷。显然，他们很清楚，将致命武器卖给萨拉丁（Saladin）、将壮阳的胡椒卖给西方男人、沉溺于放高利贷的自己，并非在做什么正义之事。为了良心好过，他们开始修建大教堂。他们花了大笔金钱来修建大教堂，这给工匠们提供了就业机会和收入，而工匠们又把收入花在了买面包和衣服上，从而为面包师和裁缝创造了就业机会和收入。"收益增值率"以这种循环的方式使财富成倍增加。

人口明显增长，但由于以下三个因素，收入增长仍然超过了人口增长：

1）胡椒贸易扩大；

2）这种贸易"前后的因果"（牵引和推动）；

3）"收益增值率"和"加速器"作用。

直到 13 世纪末，西方都因此得以避免马尔萨斯陷阱的出现。出于对那些"新经济史俱乐部成员"的利益考虑，我在脚注中给出了一个数学模型 [1]。

---

[1]　在没有大规模迁徙活动的情况下，

$$\Delta N = B - D$$

其中，ΔN 代表人口增长，B 代表出生人口，D 代表死亡人口。D 的波动虽然很大，却是围绕着一个基本恒定的水平而波动的。另一方面，

$$B = \alpha Pc$$

其中，B 代表出生人口，α 是常数，代表胡椒的壮阳功效，而 Pc 是胡椒的消费量。随着 Pc 的增加，B 和 ΔN 也呈正比大量增加。我们可以设定 Pc = Pt，这里 Pt 代表胡椒交易量。根据我在上文中对铁匠、大教堂、工匠、面包师和裁缝的描述，很明显 $\Delta Y = \beta Pc$，其中 ΔY 是收入的增长。由此我们得出：

$$\Delta N = (\alpha / \beta) \Delta Y - D$$

若 $\alpha / \beta < 1$，则：

$$\Delta N = (\alpha / \beta) \Delta Y - D < \Delta Y - D \qquad \text{（转下页）}$$

随着财富的增加，生活水平也相应提高。弗里亚尔·加尔瓦诺·弗拉玛（Friar Galvano Flamma）目睹了意大利城镇发生的变化，他写道：

> 在腓特烈二世（Frederick the second）时期，生活艰辛，关税收缴也很困难。
>
> 而今一切都变了，人们沉溺于奢华昂贵的穿着，男人和女人都穿金戴银、珠宝加身。他们喝着价值不菲的葡萄酒，吃着精致的食物，厨师获得了相当丰厚的报酬[①]。

（接上页）　　　　　　　　$\Delta N < \Delta Y - D < \Delta Y$

显然，收入的增长超过人口的增长，因此避免了马尔萨斯陷阱的出现。

[①] 但丁也写过几乎一模一样的话，但作为一位诗人，他的这些话是以诗句的形式写成的。参见但丁《神曲》"天堂篇"第十五：A. Dante, *The Divine Comedy*, outside of Florence 1307–21, "Paradise" XV, 97–129。

这场经济革命伴随着一场重大的社会革命。最近有人写道：

> 韦伯新教伦理中的新教徒前身在封建主义衰落过程中起着至关重要的作用。简言之，由于这样那样的原因，城市作为乡村领主的附属物发展起来。然而随着资本在城市的积累，领主采取的某些行动最终导致了封建制度的崩溃。

要证明、阐述和明晰这曲折错综的观点，需要整整 27 页的代数符号（这一切都得到了科学院慷慨的资金支持）。但我在这里想强调的是，新教徒的"前身"并不反对教皇，他们抗议的是封建领主。至于抗议的原因，我们可以用一个例子来有效地说明。1023 年，博韦（Beauvais）人设法要求当地男爵做出了如下承诺：

> 我不会带走公牛和母牛；不会监禁商人和劳工；不会从他们那里拿钱，也不会强迫他们赎回自己。我不会拿他们的食物；不会摧毁和焚烧他们的房子；不会以战争为借口将葡萄树连根拔起，也不会从葡萄藤上摘取葡萄。我不会毁了磨坊，也不会拿走那里存放的谷物。

在西欧，新教徒的"前身"取得了相当大的成功。在不断扩张的城市围墙内，发展起一支中产阶级队伍，借用帕多瓦的马尔西利奥（Marsilio of Padua）所青睐的术语，他们之中"最高尚的部分人"接管了城市政府。"封建制度的垮台"削弱了封建领主的势力，城市社会中粗俗的商业色彩也令领主们感到厌恶，于是他们退回了乡村的城堡。他们发现，除非在战争时期，杀人变得不那么容易了，于是只能专注于猎狐。贵族们教孩子骑马、打猎和决斗 ①。在城镇里，享有自治权的市民则建起了一所所会计学校来教育他们的儿子。贵族和市民只在一件事情上异口同声——他们都同意剥削农民；农民们虽然偶尔会反抗，但总是以失败告终：

---

① 贵族们尤其反对"妻子或女儿应当懂得"识文断字的观点。然而在 14 世纪，拉图尔－劳德里（La Tour-Laudry）却提出了一个大胆的想法，说只要女孩们不学习"讲爱情寓言的书"，她们就应该被"送进学校"。

农民总是不文明

且受人鄙夷的。

他们爱骗人，

肮脏又虚伪。

他们是被诅咒的，

是邪恶和瘟疫。

第09章

那个时代的英国阴雨连绵，发展落后。但那里人少羊多，羊毛产量丰富，质量上乘。而在欧洲大陆，正如弗里亚尔·加尔瓦诺所说，人们变得越发奢侈，正在寻找更加精致的衣料。大胆创业的意大利商人把这两个事实拼凑在一起，意识到如果把英国羊毛也纳入商品清单，他们的收益将大大增加。

大部分英国羊毛实际上是在英式修道院和修女院的庄园里生产出来的。生活在 14 世纪早期的弗朗切斯科·迪巴尔杜乔·佩戈洛季（Francesco di Balduccio Pegolotti）是一位消息灵通的佛罗伦萨商人，他在自己的清单里列出了：

67 个切斯泰洛修会（Order *di Cestello*）

的修院

41个普罗穆斯蒂埃里修会（Order *dei Promustieri*）的修院

57个内罗修会（*Ordine Nero*）的修院

20个修女院

这些地方出产英国最好的羊毛。

随着英国羊毛销售量的增长，英国修士们的收入也在增加。他们将收入的一部分用于翻建修院，一部分用于购买新的土地，但还有很大一部分被用于对抗忧郁，这种产生于阴雨天气和潮湿地区的忧郁让人崩溃。他们喜欢胡椒，但考虑到其副作用，作为修士的他们不能沉溺于此。因此，他们将兴趣转向了葡萄酒。

葡萄酒最初由罗马人带到英国，而基督教则

为葡萄酒在英国生根发芽起到了重要作用。黑暗时代几乎不存在长途贸易，由于法国的葡萄酒供应无法保障，英国人便试图在不列颠群岛上种植葡萄。但他们酿的酒跟黑暗时代本身一样糟糕。威廉深知这种情况，所以在计划入侵英国的同时，还决定为自己和军队带上大量的法国葡萄酒。亨利二世也同样意识到了英国葡萄酒的缺陷，这很可能是他迎娶阿基坦的埃莉诺（Eleanor of Aquitaine）的原因之一，因为此女继承的丰厚遗产中就包括若干盛产葡萄酒的地区。而后，法国葡萄酒开始有序地流入英国市场。在普瓦图和诺曼底失利后，约翰王将波尔多作为英国权力在法国的中心，英国人也由此开始青睐波尔多红葡萄酒。第一批加斯科涅葡萄酒于 1213 年运抵南安普敦，次年运至布里斯托尔。约莫同时，英国修士从事的羊毛销售也进入了一个相当长的快速增长期。到 13 世纪末，英国平均每年出口约三万袋原羊毛，利润增长非常可观。英国修士们的购买力迅速提高，再加上他们对饮酒的嗜好，有力地促进了加斯科涅葡萄酒贸易的扩张。保守估计，在 14 世纪初，波尔多每年向英国出口七千万升葡萄酒。这项贸易甚至重要到，船只运载量都开始按其可以携带葡萄酒桶的数量来计算了。

在那个时代，中世纪资本主义的发展已达高潮。胡椒、葡萄酒和羊毛是这种整体繁荣的主要构成部分，其中胡椒当然是原动力。

第10章

隆 戈 巴 尔 德 · 伯 特 霍 尔 德（Longobard
Berthold）在晴天时并不开心，因为他知道那时唯
一能期待的就是下雨天。而在雨天，他却很高兴，
原因正好相反。公元 1000—1300 年，西欧的晴
天非常多。根据伯特霍尔德第一定律，下雨是意
料中事。雨天如期而至。

英国国王都遵循着沉迷于葡萄酒的传统。他
们理所当然地视葡萄酒为饮料，但也会将之用于
其他目的。爱德华王的小儿子亨利生病时，人们
就在圣灵降临节前夜往他的浴缸里加入了一加仑
葡萄酒。由于葡萄酒的消费量巨大，英国国王很
早就设立了征缴王室"战利品"的习俗，规定对
载有葡萄酒十桶及以上的船只，王室官员有权从
每艘船上拿走一桶；对载有二十桶及以上的船只，

他们有权从每艘船上拿走两桶。

中世纪的葡萄酒无法保存太久，王室储备的葡萄酒中有很大一部分都会变酸变涩。英国国王必定是把好酒留给自己喝，而酸涩的用来待客。亨利二世的法庭书记员布卢瓦的彼得（Peter of Blois）写道：

　　我有时看到，即便是大领主，拿到的酒也相当浑浊，他不是在喝酒，而是必须闭上眼睛，咬紧牙关，歪着嘴，颤抖着过滤入口的液体。

由此，似乎所有已知信息都表明，对英国国王而言，葡萄酒是一个严重的问题。这也就难怪在 14 世纪 30 年代，英国国王与法国国王会因为

法国部分葡萄园的控制权问题发生激烈争吵。这
场争吵的恶性后果就是所谓的"百年战争",它实
际上持续了116年。这场极其漫长的战争中的主
要英雄角色是个女人,圣女贞德（Joan of Arc）勇
敢地与英国国王战斗,就是为了保证法国葡萄酒
"在控制之中"。通过战斗,贞德为自己赢得了法
国人民永恒的感激,但显然,她对抗的不仅是英
国国王,还有那些英国修士,他们非常乐于看到
圣女贞德葬身火海。这场战争对英国和法国都是
毁灭性的。此外,战争还摧毁了大片美丽的法国
葡萄园,从而再次证明:一切战争都是极端愚蠢
的行为。

在黑暗时代,还有另一场黑色灾难侵袭欧洲。
公元1000—1300年,因为胡椒的副作用（壮阳）,
欧洲的人口增长非常明显。根据最近的统计可以

得出下表，表中人口数量的单位为百万①。

	公元 1000 年	公元 1340 年
意大利	5	10
伊比利亚	7	9
法国	5	15
不列颠群岛	2	5
德国和斯堪的纳维亚	4	12

针对这种人口增长以及与其相关联的拓殖运动，一位知名教授评论道：

随着拓殖运动向前推进，新土地被占领，处女地产出的作物激励着人们建立新的家庭和定居点。但一段时间后，边缘土地的边缘

---

① 唯有那些标明了日期的数字才可靠。

特性必然会显现出来，蜜月期的高产量在长期统计中被失败所取代，在贫瘠的土地上重复耕作的人们受到了惩罚，庄稼歉收、牛羊染上疫病……从之后几个世纪里的产量下降中，可以看出大自然对早期过度扩张的惩罚，这也是可以想见的。

欧洲人因为在公元1000—1300年消耗了大量胡椒而必须受到"惩罚"，这是毫无疑问的。然而事实上，惩罚并非如上述那位教授文中暗示的那样，以大规模饥荒的形式出现。

由于胡椒大多在城市的市场里销售，人们大量涌入城镇；此外，由于该时期生活水平仍然低下、危机四伏，涌入城内的人们只能聚集在城墙内部非常有限的区域里。公元1340年前后，巴黎、科尔多瓦、威尼斯和佛罗伦萨大约各有十万居民。博洛尼亚、罗马、米兰、伦敦、科隆、根特、布鲁日和斯摩棱斯克大约各有五万人。许多其他城镇的居民在一两万人之间。以今日的标准来看，这点人口不算什么。但是，我们应当结合那个时代的健康、公共卫生和医学知识水平来考虑这些数字。从这样的角度来看，公元1340年左右的情况称得上是爆炸性的。确实有些东西爆发了。

公元1347年年底，瘟疫如火燎原般爆发了。国王腓力六世非常担忧，要求巴黎医学院就这次瘟疫的成因做出声明。医学院的学者们为无法阐明全部真相而道歉，他们声称真相超出了人类大脑的理解范围，但还是提出了一个假设，即这种流行病的成因有两个：一是天空，二是陆地。天上的原因在于三颗行星——土星、木星和火星在

水瓶座下交会。这一邪恶的交会也为第二个地上
原因埋下了伏笔。由于三星交会，陆地和水体中
散发出大量有毒气体，污染了大气；异常炎热潮
湿的天气也加速了物质腐坏；受木星影响而刮起
的南风，将腐烂的尸体和死水一潭的沼泽水域散
发出的气体吹散开来。这就是科学的解释。但教
会并不喜欢科学解释，于是也提出了自己的解释，
其基本理论是圣父、圣子和圣灵不时会因为受够
了人类所犯的罪行，觉得有必要让人类受到某种
惩罚。直到如今，教会的解释依然没变，但现在
有些人更倾向于相信鼠疫是由鼠类携带的鼠疫杆
菌引起的，并通过鼠蚤传播给人类。

　　在亚洲，鼠疫是一种地方性疾病，公元
1347—1351 年鼠疫的传播模式清楚地表明其源头
在亚洲。鼠疫于 1347 年年底首次出现在西西里岛

和法国南部，1348 年 6 月传播到威尼斯、米兰、里昂、巴黎、波尔多、图卢兹和萨拉戈萨，1348年 12 月抵达米尔多夫、加来、南安普敦和布里斯托尔，1349 年年底传到苏格兰、丹麦和挪威。不幸的是，对于 1347 年欧洲的老鼠和跳蚤数量，我们没有可靠的普查数据。但我们知道，罗马水渠自（西）罗马帝国衰亡以来一直处于完全失修的状态，而且中世纪的欧洲人民很少洗澡。在中世纪的城市里，大多数人的生活条件肮脏且贫困，虽然无法用精确的数据来表达这个概念，但可以说在 1347 年，西欧的老鼠和跳蚤比通常认为的更多。

当时的人们并不知道这一点。他们甚至不知道老鼠和跳蚤携带了传染病菌。因此，他们不知道该如何是好，短短两年内，大约三分之一的欧洲人不幸死亡。整件事如同一场噩梦，即使是像薄伽丘（Giovanni Boccaccio）这样开朗乐观的人，也只能找到恐怖的词语来形容这场悲剧：

> 不论白天黑夜，都有许多人在露天街道上咽下最后一口气；还有许多人虽然死在自己家中，但直到尸体腐臭才被邻居发现。无论是以这种方式还是那种方式，死亡无处不在。

公元 1347 年之前，西方艺术主要涉及宗教题材方面的钉十字架、投石击毙、焚烧、私刑拷打、斩首、绞死、剖腹、鞭打、肢解、刺穿和拷问折磨。黑死病则为西方艺术家提供了新的思考素材，死神之舞（*Danse Macabre*）被添加到他们的收藏之中。公元 1350 年后，死神之舞已成为他们最喜爱的主题之一。

　　世界末日似乎确实近在咫尺。但根据伯特霍尔德第一定律，现在正是欢欣鼓舞的时候，因为雨后唯一能期待的就是阳光了。在黑死病肆虐期间，三分之一的欧洲人不幸死亡，因此工资得以上涨。而最先增长的无疑还有对胡椒的需求。另一方面，巴氏杆菌在中世纪后期一直持续不断地侵袭着欧洲社会。一百五十多年间，胡椒和巴氏杆菌之间的竞争主导了欧洲历史，胡椒使人口大量增长成为可能，讨厌的巴氏杆菌则毁灭这一切。从经济学的角度来看，其结果不可否认是积极的。胡椒贸易以其"牵引"作用、收益增值率和"加速器"作用促进了收入的稳步增长，而巴氏杆菌抑制着人口增长，因此人均收入增加了。这很好，但更好的还在后面。

14世纪初，英国国王的财务状况不太乐观。他向佛罗伦萨商人借了一大笔钱，仅利息就足以让他的会计头疼不已，除此之外还有其他债务。当他为了那些法国葡萄园向法国发动战争时，像所有挑起战端的人一样，他深信这会是一场闪电战。然而也像所有计划打一场闪电战的人一样，事实证明他的判断完全错误。他的这场闪电战打了116年，但他活的时间不够长，并不知晓战争持续了多久。然而，他从这整场混乱事件的一开始就知道，战争的成本超过了国库的承载能力。14世纪40年代初，他不得不宣布破产，并告诉借钱给他的佛罗伦萨银行家，自己不会偿还债务。这对佛罗伦萨来说是一个相当大的损失。更重要的是，这件事在心理上给人极大的冲击。试想，

在做生意时，如果连英国绅士都无法信任了，那
究竟还能相信谁？显然，谁都不可信。佛罗伦萨
人得出了自己的结论——他们放弃了生意，转而
寄情于诗歌和绘画，由此拉开了意大利文艺复兴
的序幕。

这是（中世纪的）结局，也是辉煌的开端。

译后记

不知其他译者是否也有相同的感受，于我而言，质量上乘的翻译，其难度不亚于原创写作。"信、达、雅"说来易，做则难。所以，虽然我学习外语多年，却不敢轻易接手翻译任务。如此次卡洛·奇波拉这样的大家作品，最初接到消息时十分忐忑，怀疑自己的能力不足以很好地传达其作品深意。虽说奇波拉完全可以被称为优秀的历史学家，同样学习历史的我却对他的另一重身份——伯克利经济学家——望而却步。经济学对我来说的确像是隔着难以跨越的大洋那般遥不可及，其中的理论高深莫测，于是我对自己的怀疑又加深了一层。奇波拉的两篇文章,《胡椒、葡萄酒（和羊毛）：中世纪社会和经济发展的动态因素》和《人类愚蠢基本定律》,前者似乎离我的本专业世界史更近一些,因此基本上这也是我说服自己接下这项艰巨任务的重要理由。不过,通篇读完之后,我发现自己有些先入为主了,《胡椒、葡萄酒（和羊毛）：中世纪社会和经济发展的动态因素》与我想象的历史专业论文至少在形式上"相去甚远"；而《人类愚蠢基本定律》,我原本以为是纯粹的"段子合集",最终却发现它其实是在探讨一些相当严肃认真的学术问题。由此可见,大家之所以是大家,就是融会贯通已臻于化境,非寻常思维所能揣测。

　　这两篇文章均写作于20世纪70年代,出版的经历也有些"传奇"色彩。也许奇波拉本人早已料到这两篇文章并不那么符合大众审美趣味，而意大利著名的穆利诺出版社也出人意料地披上"马甲"，用"疯狂的磨坊主们"之名，应作者要求只发行私人限量版。这让人不禁猜测这些举动背后的深意，一本书背后的故事或许足以再出一本书吧。这大概也是我学习历史的一种思维惯性，试图解读特定历史人物、事件、行为背后的政治、社会、经济背景。实际上，这也是我希望分享给读者的心得之一。也许读者对奇波拉的了解比我多很多，对他也自有一番独到的认识和见解，我只能基于自己浅薄的知识结构，挂一漏万地描述我通过这两篇文章所看到的奇波拉。

不论是《胡椒、葡萄酒（和羊毛）：中世纪社会和经济发展的动态因素》还是《人类愚蠢基本定律》，奇波拉都没有遵循学术规范，也没有

学术野心，不曾试图将两篇文章发展为教科书般
的鸿篇巨制，整体的写作十分谨慎和克制。尤其
在语言表达上，他尽可能使用通俗易懂的词汇和
日常生活的事例，仿佛和读者促膝而坐，正讨论
几天前发生的邻里小事一般。回想奇波拉在其主
编的《欧洲经济史》导言中所说的，发达国家的
发达不在于小部分文化贵族的存在，而在于广泛
的全体人民的普及教育。这样的主张也在本书中
部分得以实践，艰深的学术成果或许需要通过某
种渠道惠及更多非专业的普通民众。奇波拉深谙
"度"的重要性，既阐明道理，又不能太过学术，
失了他将此文献给朋友们的本意。

分别来看，《胡椒、葡萄酒（和羊毛）：中世
纪社会和经济发展的动态因素》一文有意打破普
通读者对于中世纪的一些"成见"。他对历史教

科书上那些冷冰冰的历史事件做了更人性化、生活化的处理，比如十字军东征除了宗教狂热、财富掠夺之外，或许还与一位法国隐士嗜好辛辣食物（胡椒）有关；英法百年战争也许最初只是因为要争夺几块葡萄酒的产区；欧洲冶金业的"起飞"竟然有可能与丈夫外出时妇女的守贞存在联系，等等。这些历史关联乍一看都有些不可思议、荒诞不经，可在作者笔下，它们就像是层层递进、引人入胜的寓言故事，言之有据，逻辑十分清晰。奇波拉在告诉我们，历史有许多的可能性，小小的一粒胡椒，也可能引发波涛汹涌的历史洪流。作为历史学家，奇波拉也在用此举证明，历史距离我们的生活并不遥远。

如果说《胡椒、葡萄酒（和羊毛）：中世纪社会和经济发展的动态因素》体现了奇波拉历史学家的身份属性，那么《人类愚蠢基本定律》则将他经济学家的属性展现得淋漓尽致，尽管这篇文章的标题看似与经济学并无任何关系。初看标题，也许很多人会暗自腹诽：这难道是奇波拉这样的"学术精英"在讽刺挖苦我等资质平庸的普罗大众？未免太过傲慢无礼！然而，通读全篇就会发现，诚如塔勒布在序言中的论断，你可能在期末考试结束后立马将那些经济学理论忘到九霄云外，却绝不会忘记奇波拉定律，因为它真的言简意赅、深入人心。奇波拉使用了专业的图表和经济学公式，却以一种最"接地气儿"的方式来阐述原本高不可攀的学术原理，让读者完全不必担忧看不懂；而与此同时，哪怕经济学领域的资深教授也不能否认这些原理的专业性和学术性。

实际上，在我的理解中，奇波拉不仅仅在进行经济学意义上的反思，他的考量范围甚至可以扩展至政治、社会、文化等多个领域，甚至我们每一个人都不禁要扪心自问，是否也曾犯过"愚蠢"，做过于己、于社会价值增长均毫无意义之事？另一方面，奇波拉认为，从古至今，从西方到东方，无论何种肤色、性别、职业，愚蠢之人的比例是恒定的，在这一点上，机会是平等的，作为个人、团体或国家，都不能例外。奇波拉在文中没有具体说我们应该怎么办，鄙视、清除、隔离愚蠢之人？似乎都不是，这大概也是他贯彻点到即止原则的表现之一。也许有读者会认为他提出问题，却不提供解决方案。我却认为，固然有些学科或者书籍旨在提供具体问题的解决方案，但这并不代表我们不需要另一类学科和书籍，它们并不提供立竿见影的解决办法，只是启发人们去思考外部世界和自省其身，谁能说后者就一定不重要呢？

翻译虽说是尽可能将作者的原意原原本本地呈现出来，但不可避免带上译者本身以及相应的文化、社会、时代等色彩，所以译稿中偏颇之处必定存在，乞愿广大读者不吝赐教。

信美利

2021 年 1 月 18 日